"SALUD"

Poesias

De

Reynol Luna

ISBN: 0-7596-8735-8 (E-book)
ISBN: 0-7596-8736-6 (Paperback)
ISBN: 0-7596-8737-4 (Hardcover)
ISBN: 0-7596-8738-2 (RocketBook)

Este libro se imprime en el ácido liberta papel.

1stBooks - rev. 07/16/02

DEDICATORIAS

Este modesto trabajo está dedicado a:

ELIDA BARRERA DE LUNA

ARACELY PEREZ LUNA

GABRIELA LUNA RIOS

INDICE

PROLOGO

A fuera el frío del invierno golpeaba todos los rincones, llegaba como todos los años a cubrirnos de nostalgia y a hacernos suspirar por las horas gastadas en todos los relojes y todas las hojas rotas de los calendarios.

Pero en nuestra casa, la noche estaba envuelta en calor familiar y los afectos, que en esta vez quisieron vencer el tiempo y la distancia y hacerse presentes nuevamente, obligando a nuestra mesa a vestirse de honor y a llenar nuestras copas de rebozante alegria.

Hablamos de los años pasados, pero jamás olvidados, esos años compartidos por todos en un mismo escenario y bajo una misma luz.

Festejamos la buena fortuna de ser abrazados por muchos triunfos y muy pocos fracasos en nuestra escala ascendente siempre hacia el encuentro con la vida.

El sentimiento latía en cada frase, cada palabra llevaba en si el recuerdo al que deseamos dar vida nuevamente y el ferviente anhelo de tomar un sueño realidad

Alguien, aquella noche, en esa misma mesa quiso atrapar todos los sentimientos y decidió vestir con liras los recuerdos, los anhelos, la vida y los sueños.

Y en ese afán de querer expresar nuestros sentires, germino en él una semilla.

Sus primeros brotes están en estas páginas, lo que en ellas se lee son trazos, alegría y de una que otra lágrima, es mucho de pensar y una vida de sentir.

Ese alguien es mi primo Reynol Luna, quien en lugar mio, si hubiera escrito estas letras levantaría su copa y diría a dodos...

Salud
Escrito por
__Aracely Pérez Luna__

ORACION A LA VIRGEN DE GUADALUPE

Estampilla de la virgen
que cuelgas de mi pared
¡OH!, virgen Guadalupana
quiero descargar mi fe,
mis rodillas mexicanas
postradas a su merced.

Sería mucho pedirte
que me hicieras un milagro
porque aún me siento fuerte,
hácelo mejor a aquél
que pueda necesitarlo

Yo a tus creyentes me agrego
con humildad y delirio
quiero que me des la mano
quisiera editar un libro
de corazón mexicano
y es lo único que te encargo
si dios me dio algún talento
ayúdame a dibulgarlo

AMEN...

REYNOL LUNA

ix

AHORA ES LUNES Y MAÑANA MARTES

Avivando los recuerdos a mi modo
Sin querer, a mi mente a diario invito
Que recuerde a mi madre que era todo
Y aquel lecho fatal, que hoy es bendito.

Si fuese cierto aquel refrán
De que el tiempo cura todo,
Al tiempo diera corazón y afán
Si no fuera tan lento y a mi modo.

Del pasado y del recuerdo vive el hombre
Y el día vive de mañana y tarde
Diera yo, pasado y día por mi madre
Pero llegó un lunes seguido de un martes.

Yen esos días mi llanto fue tan diferente
Y la pena llegaba desde el cielo
Recordando tus manos en mi frente
Cuando era yo un llorón y tú el consuelo.

Y ya no había manos que mis lágrimas secaran
Usé las mías
Aferrado a las tuyas
Inmóviles, cruzadas.

Y no hubo ningún hombro
Que mi pena desahogara
Tu siempre tuviste algo que ofrecerme
Miré tus hombros
Y me ofreciste un cofre
Y tan grande y tan fiel fue mi desahogo
Que a otro mundo me invitaste
Y por última vez senti tu brazo
Como niño me sentía en tu regazo
Sagrada bendición, bendito el cofre

El que en aquel momento me ofreciste
Voltie a mirarte y recordé el buen día
Que afanosa y tan firme me dijiste:
"sé siempre fuerte y siempre hacia delante"
Y asi voy con mi vida y tu recuerdo
Aunque ahora sea lunes y mañana martes...

SALUD...
REYNOL LUNA

AGONIA

Ya quedaste inmóvil,
pero respirando
la vista perdida,
y allá en tu agonía
tu vida peleando
y aquel sudor frío
que del cuerpo vierte
aclara la duda
de todo el que siente
la ruda pelea
que haces con la muerte.

Pues quiere arrancarte
tu vida, tu alma
y todo tu ser
y llevarte a que seas,
tal vez lo que eras
antes de nacer,
y aferras tu lucha
a quererla vencer
y en tu propia mente
y a tu propia vida
pone lentamente
desde cuando niño
que fuíste mecido
y luego a tu paso
le fuiste forjando
tu propio destino
hasta cuando llegas
a donde tu mismo,
y en ese momento
regresa el sudor,

desvanece el cuerpo
y te tiñe un color
y llegan del tiempo
buena o mala suerte
y cesa la lucha,
pues gana, LA MUERTE

SALUD...
REYNOL LUNA

A MI MALA ORTOGRAFIA

Dicen que la soledad
engendra sabiduría
y solo estuve pensando
en mi mala ortografía.

Escribo harina con "h"
Pero dicen que está mal
Pero es que la harina engorda
Y la "h" la hace adelgazar.

Beso escribo con "v"
Y me dicen que no es correcto
Pero es que la "v" no importa
Lo que importa es la acción del verbo.

Pá mi, corazón no lleva
Acento escrito ni hablado
Pa mi, el corazón
Está sin acento y palpitando.

Pensando en la "w"
Cuando re vas a la cama
Si llevas poco morbo
La "w" es saca ganas.

Letras del abecedario
Pá mi, es problema mayor
Desde la "a" hasta la "z"
Ni una letra a mi favor
Prefiero pensar correcto
y no corregir mi español

SALUD
REYNOL LUNA

"ABRIL" POR TI

Capaz yo soy por ti,
De volver al siglo aquel
Y entrar al mes de Abril,
Lavarle un pié a Jesús
Y que te bendiga a ti,
Y darte por lo tanto
De aquella linda historia
Un viernes santo
Y un sábado de gloria.

SALUD...
REYNOL LUNA

TRIUNFO

Después de luchar
contra de sus males
soportando camas
de los hospitales,
la ancianita vuelve
muy tranquila a casa,
vivido el milagro
triunfó la esperanza
aniquiló el llanto
redujo la pena
y colgó más alto,
el cuadro de la Santa Cena.
Contempló la virgen
bendijo su vida,
rezó un Padre Nuestro,
y un Ave María.

SALUD...

REYNOL LUNA

UNA FLOR Y UNA AZUCENA

Una flor y una azucena
presumían entre sí
delo hermoso que eran ellas
del pétalo a su raíz

Es más bonita mi aroma
le decía la azucena
y mi origen es roma,
de Europa soy la más bella
el rocío me hace halago,
es mas claro mi verdor,
no hay espinas en mi tallo
y gracias a mí un poeta
se inspiró en el mes de mayo.

Yo no tengo esas virtudes
le dijo la flor de lado
pero soy la preferida
entre los enamorados;
yo florezco desde enero
y soy en cada jardín
orgullo del jardinero,
de origen soy mexicana
y un diciembre me eligió
la virgen Guadalopana.

Y una niña que pasaba
escuchando todo aquello
oyendo tal discusión,
niña de rubios cabellos
las cortó sin distinción;
ella era la más bonita
llevó a su mamá la flor,
la azucena, a su abuelita...

SALUD...

REYNOL LUNA

UNO DE TANTOS

Donde late un corazón
sin duda que existe un sueño,
y así mirando hacia el norte
salia un salvadoreño.

Con sus recuerdos al hombro
y a la mano su veliz
empacadas van su infancia
y el calor de su país.

Lleva para combatir
armas, calibre labranza;
para cultivar el alma
y cosechar la esperanza.

Los consejos de su madre
son más que un fusil de hierro
siempre hay una mano amiga
si eres honrado y sincero.

Si hablas con el corazón
no hacen faltas las palabras
humilde será tu voz
y un honor para tu raza.

Y Dios le abrió las fronteras
a que siguiera su marcha
le dio un lugar en la gloria
y todo el mundo por casa.

Lejos de su tierra
y cerca deEenero
México lo cobijó
con Michoacán y su cielo.

Fechas que no ha de olvidar
de su vida son historia
hoy se gana el porvenir
en San Jose California.

Piensa volver a su patria
por su carisma y su amor,
lleva entonando su canto
orgullo de El Salvador
y ejemplos UNO DE TANTOS.

Salud...

REYNOL LUNA

UNA TARDE DE LLUVIA

*Una tarde de lluvia
que más da
pa muchos es el clima
a otros, alegría les dá
a mí me da tristeza
un pobre moribundo
que pronto ya se va.*

*Si, yo lo estuve viendo
a través del cristal
aquí donde me encuentro
en un mísero hospital
como quien dice
alejado del mundo
y sin poder hablar.*

*Señorita enfermera
permitame un favor
no hablamos del poeta
ni hablemos del creador
sí a causa de mis males
aquí muriera yo,
cuando escuche esta frase
allí renaceré
una tarde de lluvia
A MI TUMBA LLEVARE.*

SALUD...
REYNOL LUVA

TORO NEGRO

*Toro negro casta al viento
bonita figura y celo
cuando te vieron crecer
te destinaron al ruedo.*

*Un torero esta toreando
va a torear al toro negro,
resulta que esa faena
le esta fallando al torero.*

*El toro ya esta envistiendo,
enviste cual una fiera
izquierdo brilloso cuerno
corrió la sangre en la arena..*

*Vestiste de luto al ruedo
y aún sigues siendo inocente
tu mataste al torero
y eso no quiere la gente.*

*Aplaude la gente y goza
cuando el torero te mata
y esta vez en mala hora
Salió a relucir tu casta.*

*Sin entreno y por vivir
Gozaste de mejor dote
Porque pinchandolo así
Salió sobrando el capote.*

Toro negro casta al viento
Bonita figura y celo,
Cuando te vieron crecer
Te destinaron al ruedo...

SALUD...

REYNOL LUNA

TEMOR A DIOS

Quisiera estar en una estrella, y desde el aire
Poder mirar con agradecido anhelo
Gigantes pasos de grandes poderíos
Batir en lodo, en pleno siglo veinte al mundo mío.

Subir con Dios, y estar en su morada
Lo injusto brilla, la virtud callada
Se sufre en vano y te conmueve el alma
Quién hace por vivir pobre se acaba
Quién dice ser la ley, te quita el habla

Juzgar con mano dura te pido mi señor
A todo aquel que se escudo en dominios
Pisó tu frase y elevó su voz,
Principio del saber, tener temor a Dios.

SALUD...

REYNOL LUNA

PLEGARIA

Evita la injusticia
Perdona la torpeza
No dejes incumbir
El hambre y la pobreza
Hay gente que te pide
Y hay gente que te reza.

Demuéstranos Señor
Demuestra tu poder
Tan solo una vez más,
Pero háznoslo con calma
Acuérdate Señor,
Hay guerra en Nicaragua.

De los muertos se ve,
El niño el mas frecuente
Esta perdiendo el débil,
Y está ganando el fuerte.

Escucha mi plegaria,
Yo ya te envié mi voz
Y ya te envié mi aliento,
Y testigos tengo ciertos
Mi pueblo y cuatro vientos...

SALUD...

REYNOL LUNA

POETA

Manos de trabajo, y gran talento
Tanto, que la gloria se gano escribiendo
Pero sus poemas se los llevó dentro
Dicen los que vieron, cuando fue muriendo
Que del mismo cielo y una luz que vierte
Un ángel bajó a cumplir un deseo
Antes del misterio, que encierra la muerte.

En mi mano quiero una pluma blanca que tiña de negro
Y un papel cualquiera que no tenga uso
Y tu mano a la mia cuidándome el pulso.
Dicen los que vieron cuando fue muriendo
De que aquella luz se clavó en su puño
Se movió su mano y asi fue escribiendo
Como todo humano, su sueño del mundo.

Me soñé Señor, en un escenario
Y de multitudes con un gran aplauso
Halagando así todos mis poemas y todos mis cantos
Pero ya me voy, a donde mi sueño quedará flotando
Y de aquél aplauso será solo llanto
Y a mi cuerpo yerto, un vestido negro le dará un abrazo
Ciérrame los ojos, llévame contigo
Hasta aquél letargo y concédeme allá
Mi primer y mi único escenario…

SALUD…

REYNOL LUNA

MORENA

Oye morena del alma
Sigues haciendo derroche
Yo no soy dueño de nada
Y tu la dueña de mis noches.

Te traigo dentro de mi
Y el sueño esta de tu parte
No debo vivir soñando
Y vivo para soñarte.

Oye morena del alma
Eres mi mejor recuerdo
Tu recuerdo me da calma
Y me colmo de recuerdos.

Recuerdo cuando eras mía
Todo empezó aquella tarde
Tu recuerdo me da vida
Y vivo para recordarte.

Oye morena del alma
Deja dormir esta noche
Te recordaré mañana
Y haz de mis sueños derroche...

SALUD...

REYNOL LUNA

PARTIDA

Estaba pasando el tiempo
y fui notando en mi vida
que los pantalones cortos,
ya no eran de mi medida.

Talvez estaba llegando
la hora de hacer un viaje
y despacio fui buscando
mi transporte y mi equipaje.

Pa' transportarme un caballo
no grande ni muy violento,
yo me conseguí un caballo
a buena rienda y paso lento.

Aquel reloj del abuelo
y de compañero un peso,
un azadón de un labriego
y de una cantina un consejo.

Pa' divertirme mi calma,
pa' mi sed, un guaje viejo,
una corta despedida
y fresca mañana emprendo.

El caballo me enseñó,
como llegar al destino,
yo fui viendo los costados
y él cuidándome el camino.
El azadón con orgullo
lo tomé con gran esfuerzo
cultivé bien tierra ajena,
pero pensando en mi pueblo.

El compañero que traje,
lo cambié por otro nuevo,
mas bien yo no lo cambié,
solito cambió de dueño.

Cuando el reloj del abuelo
me dijo que ya era tiempo
que estaba muy grande el cielo
mas que volviera a mi pueblo.

Porque sé bien lo que traje,
frutos me ha dado hasta ahorita,
pero no se, si he dejado,
alguna rosa marchita.

Mas dejaré en el camino
que me lleva rumbo a casa
lo poco y bueno que traje,
de mi cultura y mi raza.

SALUD...

REYNOL LUNA

SALUDO A PARRAS DE LA FUENTE

Me hizo recuento la vida
y en un reproche noté
sentía un tanto de envidia
porque desde que nací
la composición ya era
pariente del alma mía.

Y así mi alma y mi pariente
andando van por la vida
y por siempre han de ir tirando
palabras ó poesías.

Y esta vez van mis palabras
del horizonte pendientes
para llevar un saludo
hasta Parras de la Fuente.

De parte del compa Armando
maestro de sexto grado
bien sabido es que su tierra
es la mejor del estado
se revolotea el alma
con el pasar de algún sabio.

Y con uvas de las parras
y con aguas de su fuente
y de Coahuila una pluma
con esta rima saluda
la tierra que fue su cuna.

Iglesia "El Santo Madero"
de la cumbre del volcán
mándale tu bendición
a mi madre y a don Juan,
con mi vida y tus altares
bendíceme a los presentes
a los Buendía Morales
y a mi Parras de la Fuente...

SALUD...

REYNOL LUNA

PORDIOSERO

Un niño que cuyo nombre
Tenía marcado en su grilla
Un niño que le nombraban
Como la gente quería
Un niño que iba dejando
Mil huellas en el camino
Mas del camino a la orilla

Descalzo y muy mal vestido
Pero eso no le importaba
Quería ver a su hermanito
Que como otros estudiara
Dulces y chicles vendía
Y como pocos, él no hablaba.

Él, con mucho sacrificio
El alimento encontraba
Y lo llevaba a su casa
Donde a veces no alcanzaban
Era huérfano de madre,
Su padre, no conocía
Porque todos lo sabemos,
A veces asi es la vida.

Pero en un invierno cruel
Ni me quisiera acordar
La alegría, el alboroto
Y las luces encendiendo
En tiempos de navidad
Aquel nino pordiosero
Que buscaba su alimento
Siempre guiado a su lucero.

Ya nunca volvió a su casa
Ya nunca encontró el camino,
En un lejano barriado
El niño muerto se hallaba,
Abrazado a unos juguetes
Que a su hermanito llevaba

Dicen que murió de hambre
Otros, que murió de frío
Lo que si se y se los digo
El niño murió en invierno
Y se encontraba perdido,
Solo un perro callejero
Lo acompañó en su destino
Solo un perro fue testigo
De la muerte de ese niño...

SALUD...

REYNOL LUNA

SIMPLEMENTE GERARDO

Una noche de Diciembre
Una charla, alguna prosa
Un amigo de la infancia
Y el alcohol entre otras cosas.

Titulo de ingeniero
En Monterrey, Nuevo León
Es nativo de Guerrero
De los Flores Castillón.

El conversar ya es costumbre
Con la fogata en un lado,
Todos mirando la lumbre
Todos oyendo a Gerardo.

Estaba tocando el tema
De nuestra vida pasada
Y él convertía las penas
En alegres carcajadas.

En una ocasión, jinete
Nos dijo también yo he sido
Solo porque andaba cuete
Bien saben que no es mi estilo.

Ni por darme a conocer
Es tradición de Guerrero
Y yo monté por complacer
A mi compadre Severo…

Tocó innumerables temas
De ingenio hacienda derroche
Y escuchando al ingeniero
Se nos acortó la noche.

Nos sorprendió la mañana
Y junto al alba llegaron
Un adiós y un hasta pronto
Y algún apretón de manos
El se marcha en silencio
Y yo me quedé pensando
Igual que en la adolescencia
Es simplemente…Gerardo…

SALUD…
REYNOL LUNA

PANDILLERO

Oye amigo pandillero
Venganza es futuro incierto,
Nada ganas con pelear
Si no existe algo en concreto
Lucha pues porque tu gente
Salga del lodo, algún tiempo.

Mira tus antepasados
Como se fueron muriendo
Unos detrás del arado
Para darnos el sustento
Y acabaron bajo el sol
Por sacarnos adelante
Ese fue nuestro color
Nuestro nombre, nuestra sangre.

Cierto, usaban el pañuelo
Bien fuera rojo ó azul
Para que tu fueras dueño
No del norte ni del sur,
Dueño de los cuatro vientos
Dueño del propio pudor
Fue símbolo de trabajo
Para secarse el sudor.

¿Y, que haz hecho de esa gente
Que murió con la esperanza?
Solo le haz echado peso
A la indeseable balanza,
Ellos lucharon par darnos
La ración y la tortilla
Y le pagas a la historia
Ingresando a una pandilla.

Hombre, te haz equivocado
Los barrios no tienen dueño
El hombre es dueño del mundo
El tiene un fundamento,
No heredes la delincuencia
Dale a tu hijo un mundo cierto
Que sea admirado en ciencia
O que le admiren su talento.

Salte del mundo en que vives
De drogas y de bandidos,
Que estás echando a perder
Una gran idiosincrasia
La cultura de tu raza
Tu nombre, y tus apellidos…

SALUD…

REYNOL LUNA

RECORANDO LA INFANCIA

A un pedacito de tierra
Dios le dedicó su rezo,
De ángeles mandó su canto
Y nos formó un paraíso,
Incluyéndole una mora, una acequia
Y también una puerta de campo.

Primero llegó al lugar
Con pies descalzos, tal vez,
Al sonar de una campana,
Una niña que después
Sin duda llegaria a ser
De todos "La Capitana".

La infancia estaba en la gloria
Desde cunas y regazos,
Siempre miranda el lugar
Que a nadie hacía rechazos,
Y fuímos llegando uno a uno
Quien iba afirmando el paso.

La acequia siempre dispuesta
Que digo yo, que no entiendo
Que chapoteando en sus aguas
Llegaba hasta el pocito
Que estaba al pie de aquel fresno
Jugando yo a no se que
Ya andabamos mar adentro.

De la mora, ni se diga
La más fácil de trepar,
Subías hasta la cumbre
Como quien sube a un final
Y revivías mil historias
Incluyendo la leyenda de Tarzan.

La mano de Dios estaba
Bendiciendo nuestra infancia,
Con hojas, polvo y con agua
De guerras a cuentos de hadas
Hicimos de aquel lugar
Nuestro propio Disneylandia

Después la mora cayó
Y fue porque algo le faltaba
Ya no trepaba a sus ramas
Aquella "La Capitana".

Un árbol no iba a entender
Que ya su infancia pasaba
Y solo esperó aquel tornado
Para dejarse caer,
Sabía que haría mucha falta
Y fue por venganza tal vez,
Ella no fue a complacerlo
Pero él, nos dejó sin él.

Con orgullo tres nogales
A la mora reemplazaron
Y así fue pasando el tiempo,
Y junto al tiempo, la infancia
Y nos fuimos yendo uno a uno
Al igual que en la llegada.

Ahora vemos el lugar
Lleno de niños jugando
El lugar sigue bendito
Los niños siguen llegando,
Todo podrá renacer,
Más aquella infancia ¿Cuando?…

SALUD…
REYNOL LUNA

SE QUEMO EL VIEJO

Yo quisiera tener
Un poco de que haber,
Un poco de talento
Pa'componer canciones
Y cantarlas al viento.

Pero vine a este mundo
A conocer el vino,
Solamente por eso,
Y fue el maldito vino
El que me quemó el seso.

Ya quemé los riñones
El hígado y el páncreas,
Chupó faros el apéndice
Agarró vuelo el bazo,
Y siguió pa' la panza.

Ya no pude cantar
Me quemé la garganta,
Ya no se ni que hacer
Se me olvidó escribir
Se me olvidó leer.

Lo único que se hacer,
Simplemente es beber,
Lo hago con mucho amor,
Cada fin de semana
Voy a ver al doctor.

Que me quite la maña
Que me raja las tripas
Que me trate un pulmón
Porque culpa del vino
Ya soy puro dolor.

Pero tengo un consuelo,
Cuando esté varios pies
Varios pies baja el suelo,
Voy a dar a la gloria,
Voy a ir a dar al cielo.

voy a reestablecer,
y allí estaré esperando
a ese tal Juan Gabriel,
ese tal Julio Iglesias,
Luis Miguel, Rafael.

allí me oirán cantar
mirarán mi actuación
y sabrán que en la tierra
pude ser el mejor.

Porque yo hubiera sido
Ingeniero y Doctor,
un artista mediocre
también compositor.

Pero culpa del vino,
Se quemaron los sesos
se quemó mi talento y,
se quemó todo el viejo...

SALUD...

REYNOL LUNA

MI COMPARE PANTALEÓN

Mi compadre Pantaleón
dice que no puede ver
un pelao batallando
ni un jabalí acosado
tampoco un penco manqueando.

Dice que la vaca pinta
esta vez no bajó al rancho
cuando pancha fue a tomar agua
dijo que la vió en el charco
que traiva la tripa en rastra
y con bramidos cabales
también que parió de cuates
rechulos los animales.

Ya lavó el bote leehero,
se puso las mosoqueñas
que hasta rompió el pantalón
a la musqueña le puso
un contra látigo nuevo
y a la chavinda un botón

Luego ensilló el mascarillo
y por la vereda de abajo
se arrancó a mata caballo
que hasta le sonaba el cuajo
el día estaba enjoscado
y es cuando no hierra lazo.

A pura cabeza de silla
fue y la sacó del atajo
cuando la traiva pa' rancho
desde allá venía gritando
chulada de vaca tengo
esta vez me dio hembra y macho.

Al rato vende el becerro
y se va a agarrar el pedo
aunque cuando anda tomado
se nos pone como león
es que es bajado del cerro
mi compadre Pantaleón...

SALUD...

REYNOL LUNA

MEZA LUNA

Un dia de gloria
y un lugar cualquiera,
donde se juntaron
el cielo y la tierra,
aquella pareja
levantó las manos,
con gusto a bajar
su tercera estrella.

Voló la cigüeña
a bendecir un nido,
su día de suerte,
y justo en Del Río
bendijo aquel vientre,
hoy juntos esperan
que llegue aguel ser;
benditas a un tiempo
están, casa y cuna
y por vez tercera
viene un Meza Luna.

SALUD...

REYNOL LUNA

MARIA DE JESUS

Dios me ha mandado del cielo
una fecha y una luz,
aquel veintiuno de Enero
y a María de Jesús.

Hoy delira mi conciencia
y delira mi corazón
al sentir con tu presencia
la bendición del señor.

Si delirar es de humanos,
yo delirando preciso
de que han de llegado a mis manos
las flores del paraíso.

Tu nombre me ha de inspirar
para decir lo que siento,
la tierra no ha de girar,
ni de caminar el tiempo.

Si has quitado de mi vida,
a mi calvario y mi cruz,
en el alma eres María,
y en el corazón, Jesús...

SALUD...

REYNOL LUNA

LO QUE LA GENTE ME HA DICHO

Discúlpeme usted mi amigo
Voy a quebrar la botella
De licor que tu me haz dado
Y aunque te burles te digo
Que voy a dejar el vicio
Cuando ya la haya quebrado.

Buscando entre los secretos
Que mi abuela me ocultaba
Me relato el principal
Una tarde inesperada
Interrogué yo a la anciana
La anciana de pelo blanco
Y de tez muy acabada.

Por que no me había contado
Lo que la gente me ha dicho
Mi madre fue una mujer
Que no debió haber nacido
Ambicionaba dinero
Y se fue con un hombre rico
Cuando yo al mundo he venido.

La anciana inclinó la cara
Y me dijo, deja el vicio
Te contaré la verdad
Y no la que la gente ha dicho.

Una mujer muy humilde
Que practicaba un oficio
El que todos conocemos
Lo hacía para sostenerse
Y sostener a sus hijos.

El mayor de catorce años
Que ya se había echado al vicio
Y que en el vicio murió
Pero en mi pecho aún late
Lo que esa mujer sufrió.

Un día que no lo esperaba
De muerte ella se enfermo
Y a las tres de la mañana
A mi puerta fue y tocó.

Traia ensus brazos un niño
el que a mi me regalo
mas cuando me entrego a su hijo
en su rostro le note
que me entrego el corazón

Agonizando se fue
Calle abajo hacia el panteón,
Otro día la hallaron muerta
Tenía la boca entre abierta
Otra mujer me lo dijo,
Sus ojos llenos de llanto
Y sus brazos haciendo cruz
Sobre la tumba de su hijo...
Esa mujer fue tu madre
Y no lo que la gente ha dicho...

SALUD...

REYNOL LUNA

LA FINAL

Esto, en cualquier borrachera
la final tiene que ser,
muchos dicen del estribo
pero yo en verdad les digo,
no sabemos ni cual es.

La botella se acabó
se la terminó Rubén
opté yo por dos cervezas
las que estaban en la mesa
y que me decían, ven.

Las tomé con mis dos manos,
en realidad asi fue
fue con izquierda y derecha,
como yo las tomé.

Pero que lindo pelado
fue el que yo allí me topé,
este ya se había peleado
alrededor de la lumbre
pues la costumbre así es.

ellos se traian rencor
pero yo traia un amor
Que esa noche ya no vino,
se largó con un amigo
que es más borracho que el vino,
por lo tanto, más que yo.

A las tres de la mañana,
A la lumbre allí llegó
fue donde lo conocí,
pero que pobre catrín
esto no me pasa a mí
yo les digo con certeza
que esta fue la Vanesa
la que me lo mandó así.

Le di vuelo a mi cerveza
yo ya me quería ir,
no quiero ser desleal,
es la única borrachera
de las que yo me recuerdo,
tiré a medias, la final...

SALUD...

REYNOL LUNA

LLÉVALA CONTIGO

Señor de los cielos
de mi gran amigo
de tanta bondad,
Y del buen camino.

Déjame vivir,
vivir otro rato,
estoy empezando
a hacer mi trabajo,
tenia en mente
cuidar de mi hijo
vengo de muy bajo.
También a la vez
formar un rebaño.
si Cristo murió
de treinta y tres años
años terrenales
es justo mi edad,
más no mi tamaño
ni mis cualidades.

Fue corta su vida
muy firme su paso,
y con gran sabiduría
le dio fin a su trabajo,
deja terminar el mío,
pero si es tu voluntad
y asi tú lo haz decidido,
no dejes mi alma vagar,
llévala contigo...

SALUD...

REYNOL LUNA

LA DOCEAVA MARAVILLA

Con el tiempo, los dioses por nostalgia,
del inmenso jardín del infinito,
cortaron un rosal de su galaxia,
con el candor de un astro
y fuerza de una guerra,
y en el norte de México plantaron,
que adornara galante, acá en la tierra

Bautizado con el nombre de Guerrero,
con las estrellas y el cielo como manto,
y el astro rey cual jardinero,
melodioso y feliz va con su canto,
adornando y rozando tu costado,
caudaloso, e incansable el RíoBravo.

Cual orgulloso lucir de mil glorietas,
luciendo así la iglesia de San Juan frente a la plaza
e incomparable aroma de gardenias,
comparo así tus calles y tus casas
y el emigrante vaivén de golondrinas,
que semejan la historia de mi raza.

Por todo aquel, que en tu lecho tu me has mecido
y con tu infinita gloria le haz cantado
y marchitando tus petalos se ha ido,
mi pobre inspiracion ha despertado.

Con tu favor del canto y melodía
hacías falta y del cielo te han bajado,
aquellos dioses del estado de Coahuila
el pueblo que yo nombro:
la doceava maravilla...
Guerrero, Coahuila.

SALUD...

REYNOL LUNA

GUERRA DE CORAZONES

Señores, confesaré
la batalla que gané
en guerra de corazones
cuando perdí una mujer.

Mi sangre del lado izquierdo
formaba mis carrilleras
el fusil a mis espaldas
era de mi alma un lamento
yo nunca tomé escuadrón
solo me acompañó el viento.

Después, me vestí de gloria
Y así me fui a la batalla
ella disparó a traición,
aún estando bien armada.

Así comenzó a atacar,
cuando empuñé mi fusil,
Ella me cegó de un tiro,
Me dejó ciego de amor,
Me quitó el mayor sentido.

Mas cuando fue a rematarme
ella también iba herida
pero mi sangre era buena
y la de ella de fantasía.

Su escudo no pude ver
en su alma diez mil granadas
porque no sabia perder,
era grande su escuadrón
pero no me iba a ganar
porque, era el de la traición.

Allí fue donde le dije
mi corazón, no está herido,
y ella quedó desarmada,
y no le quise hacer nada,
porque perdí la mujer,
pero gané la batalla

SALUD...

REYNOL LUNA

ETERNO JARDÍN

Sagrado eterno jardín
de lágrimas y colores,
en donde la fe de un pueblo
hace que las almas sean,
partícipes de las flores.

En este lugar supieras,
la paz de Dios hizo un brindis
y énfasis la primavera,
el invierno se hace ausente
cuando cobija la tierra.

Se haec eterno el calendario,
cuando el cuerpo está yaciendo
postrado bajo los nardos,
las flores le dan su aroma,
y la luna ofrece un rosario.

Donde cada cruz clavada
sobre un signo zodiacal
es el panteón de Guerrero
que almas a la gloria van,
algunas operas perdidas
en la obscura eternidad,
y otras tantas van cayendo
en un abismo sin fin,
pero el cuerpo fertiliza,
el sagrado eterno jardín.

SALUD...

REYNOL LUNA

Reynol Luna

EL ULTIMO ARBOLITO

Se fue acabando la tarde
en vísperas de una noche
y la luz de aquel lucero
que me alumbró sin reproche
perdido en el firmamento
entre azul y color cobre
avivó tantos recuerdos
de mi vida ante tu nombre.

Y al caer la oscuridad
una lágrima brotó
del corazón oportuno,
porque de tantos regalos
vigente a quedado uno
que con tus manos plantaste,
aquél último arbolito
que pudiste regalarme.

Yo lo transplanté en tu nombre
y por tí fue bendecido
donde una vez en la cumbre
el ave pondrá su nido
y así lo espero con calma
las demás plantas con celo
porque algún dia sus ramas
van a plagar nuestro cielo.

Y me invade la tristeza
al recuerdo de un santuario
cuando alguien vistió de negro
y fue a cumplir nueve rosarios.
Y al mirar el arbolito
creciendo con su pureza
y ver que no están tus manos
que cultivaban grandezas.

Entonces mi mano afable
por demás y desde el suelo
escribe para decirte
que él sigue camino al cielo
hasta alcanzar el lucero
que me alumbro sin reproche,
y yo terminé tu carta
algún jueves por la noche.

SALUD...

REYNOL LUNA

EL LIBRO NUMERO VEINTE

Ni el ruido de una mosca se escuchaba,
la librería estaba sola,
pero iba entrando otra gente,
la mujer que me atendía
se fue a atender aquel cliente,
sin antes recomendarme
leyera el numero veinte.

Fui leyendo de sus páginas
lo que me interesaba
más cuando alcé la mirada,
la ingrata que me atendia,
que siempre era muy sonriente,
con un beso despedia
despedía al otro cliente.

de entre mujeres y libros
yo nunca sentí tal cosa
aquel libro fue un azote
el libro numero veinte
era el libro del quijote
pero no era el de la mancha
el que andaba con sancho panza

Fue alguien más inteligente
el número veinte
fue el quijote de mi suerte
nunca llegaría a mis brazos,
se fueron mis ilusiones,
pero ella no, de mi mente

lo que si llegó a mis manos,
fue el libro numero veinte.

SALUD

REYNOL LUNA

JINETE

Empezó montando
el brioso corcel de su pubertad
y se volvió jinete
lazando el ganado de su libertad
sin pensar siquiera
que toda carrera y en la adolescencia
hay caducidad.

Después de aquél su primer caballo
descansaba en paz,
se aferró a sus botas
y decidió arrendar
la famosa yegua que nos da la vida
y se echó a cabalgar.

Y en el rudo monte y en la lejanía
el toro del tiempo
le dio una embestida,
le rompió la reata,
le quebró la silla
y a su noble yegua dejó mal herida.

Y viéndose a pie
tuvo que montar
un caballo blanco
que le habían prestado
un lluvioso día,
una gran tristeza
y la economía.

Más con las espuelas
que traía en su alma
y con la pajuela
de alguna esperanza
no tardó en domar
aquel relinchón
y rejego animal.

Y sobre esas pesuñas
se marchó más lejos
llevando en la vida
miles de carencias
y dios le heredó
un nuevo potrillo
y dos indulgencias.

A paso más lento
Siguió su oración
viendo cómo el año
cambia de estación
hasta conseguirse
un caballo pinto
y una guarnición.

Cuando ya tenía
su propia carreta
se olvidó de acciones
y de buena teja
prendido a su lucro
y con él la muerte
se anotó otro triunfo.

Desensilló el pinto
le miró la jeta
le palmeo la enanca
y estribó a la izquierda
un caballo negro,
y sin regresar
se marchó el jinete
sin silla, sin rienda y sin más
cabalgando a oscuras
por la eternidad.

SALUD...

REYNOL LUNA

EL DIA DE TU BODA

La iglesia del pueblo
por fin adornada
y el altar espera
al caer la mañana
que angeles anuncien
con coros y danzas
el día de tu boda
y tu nombre Esperanza

Das paso a la vida
y dejas en casa
una despedida,
y así con tu ausencia
se muere una rosa
y pasas entonces
de ser la muchacha
a la más fiel esposa.

Y allá en el altar
te entregan las arras
entonces el alma
se vuelve madura,
extiendes las alas
te nace un suspiro
porque las da el hombre
que tú haz elegido.

Y es blanco tu nombre
como tu vestido
y del brazo te lleva
a un nuevo camino
con la luna llena,
más va con orgullo
porque va consigo
su linda doncella.

Y al tanto de un tiempo
entonces vendrá
la gloria del cielo
tu vientre a colmar,
y con esas manos
que ahora acarician
un ramo de azar
justo con las mismas
allá en otro altar
llevarán un hijo
Para bautizar.

SALUD...

REYNOL LUNA

DESCANSA EN PAZ

Finaliza un invierno
bendito mes de Febrero
voluntad del Dios eterno
quiso llevarse consigo
al legado de mis sueños.

Y el Ilanto del corazón
encarno hasta mis adentros
y en mi ser se quedó preso,
entonces pude sacar
de mis entrañas un rezo.

Cementerio del recuerdo,
tierras de Villa de Fuente
donde descansa tu cuerpo
pero vives en mi mente
cielo elocuente y sombrió,
no tengo mas que decir:
descansa en paz padre mío…

SALUD…

REYNOL LUNA

DOS Y UNO "LA LUZ DEL PENSAMIENTO

En mis noches de ensueño y de desvelo,
dejo volar la luz del pensamiento,
llego hasta ti, testigo el cielo
y aunque digas que no, que nada es cierto.
te traigo a mi regazo cubriendote de besos

Aunque hoy bien sé, ya nada está a la mano
como a los dieciséis, que hermosos años,
puedo decirte aún, que te amo tanto
que pienso en ti, a nadie le hago daño
pero hoy no puedo ni tocar tu mano.

Estoy contigo y a la vez converso,
que tu me amas a pesar del tiempo
de repente me dices hazme un verso
y el corazón me dicta, siempre atento,
y una vez más escribo que te quiero
y que hasta mi muerte irás,
en la luz del pensamiento...

SALUD...

REYNOL LUNA

DEDICATORIA

Si el día siete de Julio
dios no lo glorificó,
con todo mi corazón
te lo glorifico yo,
el amor fue poca cosa
que este trovador sintió
y siempre sin vanidades,
por eso en tu día quiero
enviarte felicidades,
si te aburre mi presencia
y te fastidia mi voz,
no te hago ningún reproche
te concedo la razón,
tan solo lee las líneas
donde se movió mi mano,
pero escribió el corazón...

SALUD...

Reynol Luna

CONDOLENCIAS

Alguien allá en las alturas
Hizo que fuera eclipsada
Con talento y hermosura
Grandiosa estrella texana.

Selena llevó por nombre
del año setenta y uno
conquistó de multitudes
corazones uno a uno.

Cuando a todos conmovió
el acontecer tan triste
la estrella al cielo volvió
allá quedó en Corpus Cristi.

Tu sepultura es capaz
del mayor de los alardes
Selena, descansa en paz,
y condolencias a tus padres...

SALUD...

REYNOL LUNA

CINCO LETRAS

*El mundo siendo tan grande
con cinco letras lo marcan
pero la palabra madre
ni cinco mundos la abarcan.*

*En el mundo encuentras todo,
traición, gratitud y alarde
pero un amor verdadero,
solo nos lo da una madre.*

*Poetas de todo el mundo
inspírense en este verso
la bendición de una madre
no es mas grande que este mundo
sino más que el universo.*

*Del corazón de mi madre
un pedacito, yo espero,
porque si en el mal yo estoy,
le ha de decir a mi Dios
que me da el suyo entero*

SALUD...

REYNOL LUNA

ARACELY

Es mi amiga, mi pariente,
mas cuando agarra el pincel
ni la estrella del oriente
luce con tanta belleza,
porte la opacan su arte
y el tacto de su derecha.
Con talento y con destreza
ha pintado los colores
de aquellas dos descendencias
desde que una noche; alguna
dios nos heredó una artista:
Aracely Pérez Luna

SALUD...

REYNOL LUNA

BRINDIS DE AÑO NUEVO

Una puerta del alma siempre abierta
y pasando por ella me ha bastado
abrazarme a los recuerdos en la acequia
y pensar en los años que han pasado.

El día en que del árbol más grande
con el viento cayó un ramo,
el mes en que Noel se hace presente
y humilde el corazón en cada humano.

De todo aquel que con sus actos
una copa de amor ha levantado,
brindando por el año venidero
sosteniendo al bastón de su pasado.

Y una vez que el reloj marque las doce
y el manto de la noche descobije
del año nuevo su primer segundo,
del cielo en su momento llega un brindis
bendiciendo los niños del mundo,
bendiciendo al enfermo que se alivia
bendiciendo tambien nuestro destino…
y bendiciendo sin mas… nuestras familias…

SALUD…

REYNOL LUNA

CANTAR

Del jarrón de la esperanza
y el carrusel de ilusiones
al complemento de mi alma
y del jardin de los amores.

Llegó mi esposa querida
para aliviar mis dolores
alegrándome la vida,
unidos dos corazones.

Milagro de tus entrañas
de dar luz a nueva vida
y de prolongar la especie
misterios de una costilla.

Del cielo traes el hogar,
hilos de oro a mi destino
y convierte mi cantar
en un mensaje divino...

SALUD...

REYNOL LUNA

DOS MIL KILATES DE AMOR

Joyas no tengo en el alma
ni codiciados metales,
ni pagaré con diamantes
lo que el corazón enseña,
porque de dos mil quilates
es mi amor par mi pequeña.

Una vez más me di cuenta
que el tiempo es un bello canto,
cambiaste tu bicicleta
al forje de tus encantos,
y en tu alma bella ilusión,
bendigo tus quince años.

Juguetes antes pedías,
y ahora, exiges con respeto,
quise enseñarte aquel día
y tu alumno vengo siendo,
desde que veniste al mundo
retando el paso del tiempo.

Un día el vuelo alzarás,
alzarás propias banderas,
te recordaré muy niña
sonriendo a la primavera,
y dos mil quilates de amor
son tuyos hasta que muera.
feliz cumpleaños Gabriela...

SALUD...

REYNOL LUNA

A LO RANCHERO

Porque pienso a lo ranchero,
dicen que soy anticuado
la baqueta coso a mano
el beso doy en privado,
por las hembras doy mi vida,
y una canción al pasado.

Pa' mi, el caballo merece,
un buen amo y buena silla,
mi perro su buen bocado,
la mujer su poesia,
la tierra su buen arado,
y el pobre, buena comida.

Soy como la gente de antes,
quiero a la mujer que ame,
admiro al que menos hable
el caballo hago que baile,
el valiente me respete,
y del amigo, mi compadre.

Flores le debo a la virgen,
a Dios, debo la oración,
a los, míos me corrijan,
a mi madre, nacer yo,
a mi pueblo, mi respeto,
y a mi padre, el corazón.

Al mundo, dejarle amor,
quisiera yo, cuando muera
dejarle a mi esposa honor,
a mis hijos un poema,
dejar la tierra sembrada,
y fuego en la chimenea.

SALUD...

REYNOL LUNA

Reynol Luna

DOS CONSEJOS

¿Ahora tú, que pasa
por qué tan solito
y tan apartado?
es que aquel monito
que me habías comprado
lo encontré hace rato
pero está quebrado.

Que coincidencia
hijo mío, ven.
Siéntate y escucha
que quiero decirte algo,
porque aqui dentro de mí
algo también se ha quebrado
y hoy día compartiremos
tu monito y mi pasado.

Cuando el destino nos quiebra
algo que queremos tanto
y vemos que no hay el modo
como poder ajustarlo,
entonces llega el momento
que con llanto, hay que parcharlo.

Y si alguna vez en tu vida
tienes profunda tristeza
y una cuesta en tu camino,
y agregas a tu existencia
algunas copas de vino
mas no lo hagas con frecuencia
porque arruinas tu destino.

Ya que el borracho, no toma
buen vino ni buen licor,
y del escritor no es la pluma
quien le da la inspiración
es la que saca del alma
y con versos lo convierte

en poema o en canción.

Papi, papi, ¿porqué no me das un peso
pa comprar una paleta?
y luego voy a jugar
con el niño de la esquina
que tiene muchos carritos
y también muchas canicas.

Ha que caray, toma,
regresa temprano y, que Dios
te bendiga.

SALUD...

REYNOL LUNA

A MI PADRE

Hasta el panteón que yo adoro
llevamos aquella tarde
a nuestro mayor tesoro
entre llantos y entre flores,
fuimos a dar sepultura
al amor de mi amores.

El maestro de mi orgullo
la par de mi corazón
mi espiritu con el suyo
y de mi boca una oración
fue la que dejé esa tarde
de Diciembre en el panteón.

El hogar que con tus años
formaste con tanto afán
derrumbándose de daños
muerto lo más grande está,
el mayor de los consejos
la virtud y la lealtad.

Cuanto recuerdo como eras,
con tan solo una mirada
nos dabas el alma entera,
con tu corazón llenabas
para tus hijos la mesa
y siempre estaba tu mano
pa' levantar mi cabeza.

Por eso vengo a tu fosa
con el corazón deshecho
que me des luz y esperanza
como tú fuiste, mi viejo
y como tú, sembrar amor
al final de mi sendero.

Entonces podré morirme
siguiendo tus oraciones,
decirle al creador que pude
hacerme a tus devociones,
que alguien me recuerde vivo
y a mi tumba lleve flores.

SALUD...

REYNOL LUNA

LA REINA

¿Qué tiene la reina
la se seis coronas?,
flores que ella peina
perdieron su aroma.
Llora su alma triste,
y sus ojos lloran;
levante su trono,
sublime señora

Graciela es la reina
como tantas otras
que merece un trono
de lirios y rosas.
Si en este poema
mi Dios me da rima,
seré la farmacia
de su medicina.

Madre de mil brazos
y de tantas cosas
desde su regazo
alimentó a mi esposa
y en su vientre hay la seña
de ahora seis personas;
por eso es la reina
la de seis coronas.

Me bastó una noche
para abrir mi pecho,
sé que no hay reproche,
me abrazo a su lecho;
un día desde Roma
de papal pureza
traeré otra corona
para su cabeza.

SALUD...

REYNOL LUNA

EL CAMINO REAL

Soy como el camino real
que se ha quedado muy lejos
difícil de transitar
malo para dar consejos.

Soy como el camino real,
con un alto en cada esquina,
pero llegando al final,
se vuelve polvo y espinas.

Soy como el camino real
con bajadas y subidas,
carros llenos veo pasar,
también carretas vacías.

Soy como el camino real,
si hay paso corto, soy largo,
y corto, si hay largo andar,
y con toda huella cargo
igual que el camino real.

SALUD...

REYNOL LUNA

EL MEJOR

Anda por ahí un cantante
Fue pobre allá por su infancia
Y es, de sus temas propio autor
La humildad es su elegancia
El mejor compositor.

No se que estrella lo alumbre
Y es la magia de ese asunto
¿Cómo es que en un solo hombre
Haya tanto talento junto?

Es de Juliantla Guerrero,
E ídolo de un servidor,
De nacimiento ranchero
Y, como cantante el mejor.

Para conquistar el mundo
Sus composiciones bastan
Y esta vez no me confundo,
Les hablo de Joan Sebastián.

SALUD...

REYNOL LUNA

LA CARTA
(YO TENGO UNA TIA)

Recibí una carta
en palabras sencillas;
larga y sin posdata,
no traía estampillias,
traía dos alas
y eran puño y letra
de la tía Lala.

Me habló del pasado
y recliné mi frente,
y un rincón sellado
que tiene mi mente,
me Ilenó de calma;
no escuché su voz
pero vi su alma.

Bien pude entender
lo que me relata;
cumpliré un deber
voluntad que me ata,
no es ningún secreto
pero sí, mi alma
se inventó un decreto.

Donde está el Señor
se unen cada día
familia y amor;
y hoy mi pobre vida
se viste de gala,
porque tengo a Dios
y a la tía Lala

SALUD...

REYNOL LUNA

LA PRESA Y EL CAZADOR

¿Qué buscas en la bestia cazador?
deja feliz amamantar mi cría;
o, a caso el atributo que me dio el Señor,
debe adornar tu sala al nuevo día?

A estos montes a donde tú haz venido
compartimos la comida y el aguaje,
no molestamos de árbol ningún nido
ni ambicionamos pieles, ni plumajes.

Y el eco de un disparo llegó al cielo,
traspasando a su vez la humilde presa
y el gruñido clamor de trompa al suelo,
dio paso a que cortaran su cabeza.

El cazador no vió aquella proeza;
tan solo vió la sangre, vertiendo a chorros
que mas tarde con gritos de tristeza
se bebieron hambrientos, sus cachorros.

SALUDOS...

REYNOL LUNA

CUANDO LA SANGRE TE LLAMA

Con ternura en la mirada,
un retrato entre sus manos
y aquella corazonada
que llevamos los humanos.

Un niño estaba mirando
el retrato de su abuelo
y el alma se fue tornando
como bendición del cielo.

Es difícil escapar
cuando la sangre te llama,
no obstante su corto hablar,
a su parecer exclama
al mirar en las facciones
que era tanto el parecido
de entretiempos y oraciones
"¡A Dios gracias, que he nacido!"

Y que en mis pupilas llevo
su mismo mirar ardiente
talvez con los años debo
pensar que él está presente.

Porque de él llevo su sangre
debo honrarlo; también digo,
porque de él viene mi padre
y también nuestro apellido.

Y una lágrima después
por no haberlo conocido,
padre y niño a la vez,
lloran por el fallecido.

Y se fueron conversando
en la penumbra del tiempo;
el niño sigue creciendo,
el padre encorva su cuerpo.

Pero es bonita la vida,
el tiempo que no hace cama,
y el corazón que se anida
cuando la sangre te llama.

SALUD...

REYNOL LUNA

LA DESPEDIDA

En una noche de invierno,
de esto ya hace muchos años
cubrían tu cuerpo tierno
tu abrigo y un desengaño.

La luna y su resplandor,
camino que va a tu casa
agonizaba un amor
de aquel lado de la plaza.

La calle estaba desierta
del pueblo sin igual,
de lejos vi tu silueta
pero no quería llegar.

Tu contabas las estrellas
entreteniendo la espera,
estas ya no eran tan bellas
acompañando tu pena.

Y fue el ruido de mis botas
que te hizo ver hacia mi
yo vi en tus ojos dos gotas
del llanto que me bebi...

Te dije que me voy mañana,
lo nuestro está por demás
quebró la voz en tu entraña
que no he de olvidar jamás,
cuando dijiste en sollozos:
"es que te mande llamar"
pero el llanto de tus ojos
no te dejó continuar.

Mas te soltaste el cabello
de nervios, con tu peineta,
se tornó de negro lo bello
cuando yo me di la vuelta.

Yo no entré en tu pensamiento,
ni pude ver tu dolor
es que ya para ese tiempo
estaba es trenando otro amor
solo te dije, lo siento,
y fui tras la miel de esa flor...

lo reconozco fui cruel
hice más honda tu herida
igual que el invierno aquel,
muy fria la despedida...

SALUD...

REYNOL LUNA

Reynol Luna

CASA VACIA

Una página blanca en mi cuaderno
la he llenado otra vez de tinta ciega
y le di vuelta a un recuerdo amargo y tierno
y de nuevo el corazón, hace una tregua.

Recordando la casa en que naciera
una primer caricia de una piel morena
y más tarde la infancia pareciera
entre aquellas paredes, celosas y serenas.

Hoy se encuentra vacía aquella casa;
ya no está la oración de cada día,
solo el viento que sopla, llega y pasa
y murmura algún vecino su osadía.

Y estas palabras de mi pobre entraña
abrieron esta vez la puerta grande
y dijo este recuerdo que me daña:
"cualquier casa es vacía, sin los padres"

SALUD...

REYNOL LUNA

INSPÍRAME SEÑOR

Inspírame Señor, de tal manera
que puedas perdonarme mis errores;
convierte mis palabras en quimeras
y saca de mi vida mis temores.

Por no ser nadie especial,
solo por ser tan humano,
quiero de lo celestial
surja tu ayuda y tu mano.

Como el invierno al llegar
viene a verme cobijado,
yo quiero ver mi vivir
lo cubra un manto sagrado.

¡Si dices perdón te hoy!
de tu perdón sere dueño,
digno de verte no soy,
solo quiero verte en sueño.

Cuando al final de mi vida
la muerte esté por llegar,
mi alma ya estará entendida
de que la haz de juzgar.

SALUD...

REYNOL LUNA

Reynol Luna

BIOGRAFIA

REYNOL LUNA BARRERA

(1963-)

*N*ació en Guerrero, Coahuila el 23 de febrero de 1963. Sus padres fueron el Sr. Jesús Luna Herrera y la Sra. Elida Barrera Villareal. Ocupa el cuarto lugar en una familia de cuatro hermanos. Realizó sus estudios de instruccion primaria en su pueblo natal y secundaria y bachillerato en la Cd. De Piedras Negras Coahuila. Culminó sus estudios de técnico electricista en 1981. Y en ese mismo año emigró a San José California en los Estados Unidos de Norteamérica, estableciéndose en la casa de su tío Lamberto Barrera. En 1986 contrajo matrimonio con Diana Reyes y tres años después en 1989 nació su primogénito que lleva por nombre Reynol.

Aprendió inglés y el oficio de soldador. Actualmente labora en una compañia de construcción en San José California. A la edad de 13 años escribió su primer poema que lleva por nombre "Cinco Letras" el cuál guardó celosamente ya que su carácter alegre y pachanguero le impidió sacar a relucir ese don divino que el Supremo Arquitecto del Universo le dio y no fue sino hasta la muerte de personas que amó entrañablemente cómo fueron sus padres y su tío Lamberto lo que lo motivó a manera de desahogo plasmar sus sentimientos en un papel.

En el año de 1997 en una reunión familiar de "Los Luna" celebrada en Guerrero, Coahuila entregó a cada jefe de familia un pequeño libro impreso de poesías titulado "Salud", entre las que destacan: "Cinco letras ", "Ahora es lunes y mañana martes", "el último arbolito", entre muchas otras.

Es de admirar su enorme creatividad y talento y principalmente el talento de retención que posee ya que le permite memorizar todas sus creaciones.

Elaborado por
Silvia L González de Luna

www.ingramcontent.com/pod-product-compliance
Lightning Source LLC
Chambersburg PA
CBHW030358290526
45785CB00004B/1801